# LEÇONS GRADUÉES

# DE LECTURE ET D'ORTHOGRAPHE

DISPOSÉES

## PAR ORDRE DE MATIÈRES ET PAR ORDRE ALPHABÉTIQUE

RENFERMANT

Une foule de notions propres à favoriser les progrès intellectuels
et moraux de l'enfance

## OUVRAGE

pouvant faire suite à toutes les méthodes de lecture

PAR

# M. E. PIÉRETTE

Instituteur

## SECONDE ÉDITION

REVUE ET AUGMENTÉE

# PARIS

## LIBRAIRIE CLASSIQUE D'EUGÈNE BELIN

RUE DE VAUGIRARD, N° 52

1867

# LEÇONS GRADUÉES
# DE LECTURE ET D'ORTHOGRAPHE

DISPOSÉES

PAR ORDRE DE MATIÈRES ET PAR ORDRE ALPHABÉTIQUE

RENFERMANT

Une foule de notions propres à favoriser les progrès intellectuels
et moraux de l'enfance

OUVRAGE
pouvant faire suite à toutes les méthodes de lecture

PAR

## M. E. PIÉRETTE
Instituteur

## SECONDE ÉDITION
REVUE ET AUGMENTÉE

PARIS
## LIBRAIRIE CLASSIQUE D'EUGÈNE BELIN
RUE DE VAUGIRARD, N° 52.

1867

Tout exemplaire de cet ouvrage non revêtu de ma griffe
sera réputé contrefait.

# PREMIÈRE PARTIE.

## MOTS D'UNE SYLLABE.

### Noms des parties du corps.

| | | | |
|---|---|---|---|
| bras* | doig*t* | main | peau |
| cœur | dos | nez | pied |
| cou | fron*t* | œil | poin*g* |
| den*t* | joue | os | rein*s* |

### Noms d'aliments.

| | | | |
|---|---|---|---|
| chair | jus | noi*x* | ri*z* |
| eau | lai*t* | œuf | san*g* |
| foie | lar*d* | pain | sel |
| frui*t* | miel | pois | vin |

* Les lettres nulles pour la prononciation sont en *italiques*.

## Noms d'objets mobiliers.

| | | | |
|---|---|---|---|
| bac | bol | fil | plat |
| banc | col | gant | pot |
| bas | croix | gril | sac |
| bât | drap | lit | seau |

## Noms d'outils.

| | | | |
|---|---|---|---|
| char | cric | houe | scie |
| clef | croc | pic | tour |
| clou | dé | poids | van |
| coin | faulx | roue | vis |

## Noms de parties de la campagne.

| | | | |
|---|---|---|---|
| bois | cours d'eau | mont | pré |
| camp | gué | mur | puits |
| champ | haie | parc | rue |
| clos | lac | pont | tour |
| cour | mer | port | trou |

### Noms d'animaux.

| | | | |
|---|---|---|---|
| bœuf | coq | ours | ra*t* |
| bouc | gru*e* | paon | t*a*on |
| cerf | lion | pie | trui*e* |
| cha*t* | lou*p* | porc | veau |
| chien | oi*e* | pou | ver |

### Noms de végétaux.

| | | | |
|---|---|---|---|
| ail | coin*g* | hou*x* | poi*s* |
| blé | fleur | jon*c* | ri*z* |
| boi*s* | foin | lin | ru*e* |
| bui*s* | frui*t* | li*s* | *thé* |
| chou | grain | pin | *th*ym |

### Noms de minéraux.

| | | | |
|---|---|---|---|
| chau*x* | fer | plom*b* | sel |
| crai*e* | grès | quartz* | tuf |
| *e*au | or | roc | zinc |

* Prononcez : *kouartz*.

**Complément des noms.**

Air du temps.

Arc-en-ciel.

Banc de craie.

Bas de soie.

Bord du plat.

Boue de la rue.

Bout du nez.

Bras de la croix.

Brin de fil.

Brou de noix.

But du jeu.

Champ de blé.

Chant du coq.

Char-à-bancs.

Chef de train.

Chien de cour

Ciel de lit.

Clin d'œil.

Cœur de chou.

Coin du feu.

Cou de l'oie.

Coup de poing.

Cours d'eau.

Cri de joie.

Don de Dieu.

Dos de la main.

Drap de lit.

Eau de pluie.

Fiel de porc.

Fil de lin.

| | |
|---|---|
| Fin de la vie. | Jus du fruit. |
| Fleur de lis. | Lie de vin. |
| Flux de sang. | Mal de dents. |
| Foie de veau. | Mie de pain. |
| Fond du puits. | Mois de mai. |
| Four à chaux. | Mur de la cour. |
| Gain du jeu. | Nom d'un saint. |
| Gant de peau. | OEuf de grue. |
| Gens de bien. | Os du doigt. |
| Goût d'ail. | Pain de blé. |
| Grain de sel. | Paix du cœur. |
| Gril de fer. | Peau de chat. |
| Haie du parc. | Pied de la croix. |
| Jet d'eau. | Pli du drap. |
| Jonc de mer. | Poids de l'or. |
| Jour de l'an. | Point du jour. |

| | |
|---|---|
| Porc de lait. | Soie de porc. |
| Port de mer. | Son du cor. |
| Pot de grès. | Suc de la fleur. |
| Prix du cours. | Suif de bœuf |
| Queue du pàon. | Tas de foin. |
| Raie du drap. | Ton de la voix. |
| Rais de la roue. | Tour de la roue. |
| Rat d'eau. | Trait de scie. |
| Sac de cuir. | Van à bras. |
| Sas de crin. | Vent du Nord. |
| Saut du cerf | Ver-à-soie. |
| Scie à main. | Voie du ciel. |
| Sens de la vue. | Voix de Dieu. |

**Qualités ou manières d'être.**

Dieu est bon.

Le ciel est bleu.

Le bœuf est lent.

Le buis est vert.

Le chat est faux.

Le fer est dur.

Le feu est chaud.

Le fil de lin est fin.

Le jonc est droit.

Le lait est doux.

Le lard est gras.

Le lion est fort.

Le lis est blanc.

L'œuf frais est plein.

L'ours est laid.

Le paon est fier.

Le plomb est lourd.

Le pois est rond.

Le rat est gris.

Le temps est court.

Le vent du nord est froid.

---

**Calcul.**

Un et un font deux.

Deux fois un font deux.

Un et un font deux et un font trois.

Trois fois un font trois.

Le tiers de trois est un.

Trois et trois font six.

Deux fois trois font six.

Le tiers de six est deux.

Trois et trois font six et trois
 font neuf.

Trois fois trois font neuf.

Le tiers de neuf est trois.

Deux fois cinq font dix.

Trois fois six font dix-huit.

Le tiers de dix-huit est six.

Trois fois sept font vingt et un.

Le tiers de vingt et un est sept.

Neuf et neuf font dix-huit.

Deux fois neuf font dix-huit.

Dix-huit et neuf font vingt-
 sept.

Trois fois neuf font vingt-sept.

Le tiers de vingt-sept est neuf.

Cinq fois cinq font vingt-cinq.

Cinq fois vingt font cent.

Dix fois dix font cent.

Le quart de huit est deux.

Le quart de vingt est cinq.

Le quart de vingt-huit est sept.

Le quart de cent est vingt-
cinq.

En deux, il y a deux fois un.

En trois, il y a trois fois un.

En six, il y a deux fois trois.

En neuf, il y a trois fois trois.

En dix, il y a deux fois cinq.

En vingt, il y a deux fois dix.

En cent, il y a cinq fois vingt.

**L'Enfant sage.**

Paul a du cœur ;

il craint Dieu ;

il ne crie pas pour rien ;

il croit en Dieu ;

il croît dans le bien ;

il ne dit que ce qu'il faut, rièn
de plus, rien de moins ;

il dort en paix ;

il est bon fils ;

il fait le bien ;

il fuit le mal ;

il hait ce qui est faux ;

il ne joue pas trop ;

il ne ment pas ;

il ne nuit à qui que ce soit ;

il paie ce qu'il doit;
il ne perd pas son temps;
il ne se plaint pas pour rien;
il plaît à Dieu;
il prie Dieu;
il rend le bien pour le mal;
il ne rit pas pour rien;
il tend au bien;
il se tient bien;
il vit pour Dieu.

---

## Phrases de Mots d'une syllabe.

Il n'y a qu'un seul Dieu.
La foi est un don de Dieu.
La foi est au fond du cœur.

La foi croît dans les cœurs purs.

C'est par la foi que l'on croit
en Dieu.

Bien des gens sont sourds à la
voix de Dieu.

Rien n'est plus sûr ni plus vrai
que la voix de Dieu.

Dieu est au ciel et en tous lieux.

Ce n'est que par les yeux de la
foi que l'on voit Dieu.

Dieu a fait de rien tout ce qui
est.

Dieu peut tout ce qu'il veut.

Dieu voit tout et il sait tout.

Quand on ment on ne plaît pas
à Dieu.

Dieu veut que je le prie tous les jours de tout mon cœur.

Mon cœur est à Dieu car c'est de Dieu que je tiens tout.

Ne prends pas en vain le saint nom du bon Dieu.

Je prie Dieu quand je vais au lit et quand je sors du lit.

Qui fait tout ce que veut la loi de Dieu est un saint.

Le Fils de Dieu a pris un corps tel que le mien.

Le Fils de Dieu est mort sur la croix pour nous tous.

La mort est la fin de la vie.

Ma vie ne tient qu'à un fil.

La vie et la mort sont dans les mains de Dieu.

Rien ne meurt que le corps.

La faulx de la mort a droit sur tous.

Nul n'a de Dieu un bail de vie ni pour un an, ni pour un mois, ni pour un jour.

Le bien qui suit la mort, c'est Dieu dans le ciel.

Il n'y a pas de vrai bien sans Dieu.

Quand on a le cœur pur, on ne craint rien.

Sans la paix du cœur tous les biens ne sont rien.

Hais le mal et fais le bien.

Quand on a mal fait on a peur
de tout.

Rends le bien pour le mal.

Ne prends pas ce qui n'est pas
à toi.

Ne fais pas de cas du mal que
l'on dit de toi.

Fais de bon cœur tout ce que
tu dois.

On ne fait pas bien ce que
l'on fait sans goût.

Sois bon fils, aie bon cœur.

On peut ce qu'on veut, quand
on ne veut que ce qu'on doit.

Qui ne veut pas quand il peut,

ne peut plus quand il veut.

En tout il faut voir le but où l'on tend.

Ne perds pas le temps, il est d'un trop grand prix.

Il n'y a rien de si cher que le temps.

On ne joue pas quand on n'a pas fait ce que l'ón doit.

On ne joue pas près du feu ni près du puits.

Ne te tiens ni trop près ni trop loin des grands et du feu.

Prends le temps tel qu'il vient.

Il y a des gens qui voient tout en noir.

Tiens-toi où tu es bien.

Un petit gain qui est sûr vaut mieux qu'un grand qui ne l'est pas.

Ne dis pas tout ce que tu sais.

Un fou ne se tait pas.

Ne mens pas si tu veux que l'on te croie.

Ne ris pas pour rien, ni au nez des gens.

Dis oui ou dis non quand il le faut.

Il n'y a que trop de gens qui n'ont pas de bon sens.

Qui croit qu'il sait tout ne sait rien.

Il faut du goût dans tout ce que l'on fait.

Bats le fer quand il est chaud.

Il faut du sel dans tout ce que l'on dit.

On ne plaît pas tant par ce qu'on dit que par ce qu'on fait.

Quand le puits est à sec, on sait ce que vaut l'eau.

L'eau de roc vaut mieux que l'eau de puits.

Ne bois pas froid quand tu as chaud.

Prends un bain de pieds au moins une fois par mois.

Un bain trop chaud ou trop froid fait plus de mal que de bien.

Aie chaud aux pieds en tout temps.

Le pain chaud nuit au corps.

Il faut que le pain soit bien cuit.

Quand on a peu de pain, on n'en perd pas la mie.

Quand on a faim, tous les mets sont bons.

Un fruit qui n'est pas mûr n'est pas sain.

Le chou vert est un mets un peu lourd.

Le bon air nous fait du bien.

On dort mieux la nuit que le jour.

Le mois de mai est le plus beau de tous les mois.

Tout est en fleurs au mois de mai.

Le plus long jour est le vingt et un juin.

Le plus court jour est six mois plus tard.

Le vent du Nord est froid.

Le vent de l'Est est sec.

Le vent du Sud est chaud.

Le vent de l'Ouest est frais.

Il fait beau temps quand le vent vient de l'Est.

Si tu veux des blés, fais des prés.

On perd ses dents de lait vers sept ans.

A vingt-cinq ans on a pris son pli.

La fleur naît, croît, vit et meurt.

Un fruit sans jus et sans suc n'est pas bon.

C'est par les yeux que l'on voit.

C'est par le nez que l'on sent.

# DEUXIÈME PARTIE.

## MOTS D'UNE, DE DEUX ET DE TROIS SYLLABES.

### Adjectifs.

| Il est | Elle est | Il est | Elle est |
|---|---|---|---|
| bas | basse | cru | crue |
| beau | belle | doux | douce |
| blanc | blanche | droit | droite |
| bleu | bleue | dru | drue |
| blond | blonde | dur | dure |
| bon | bonne | faux | fausse |
| bref | brève | fier | fière |
| brun | brune | fin | fine |
| chaud | chaude | fort | forte |
| cher | chère | fou | folle |
| clair | claire | frais | fraîche |
| coi | coite | franc | franche |
| court | courte | froid | froide |
| creux | creuse | gai | gaie |

| Il est | Elle est | Il est | Elle est |
| --- | --- | --- | --- |
| grand | grande | plein | pleine |
| gras | grasse | prêt | prête |
| grec | grecque | pur | pure |
| gris | grise | rond | rondè |
| gros | grosse | roux | rousse |
| haut | haute | sain | saine |
| laid | laide | saint | sainte |
| las | lasse | sec | sèche |
| lent | lente | seul | seule |
| long | longue | sot | sotte |
| lourd | lourde | šourd | sourde |
| mou | molle | sùr | sûre |
| mûr | mûre | tiers | tierce |
| net | nette | vain | vaine |
| neuf | neuve | vert | verte |
| noir | noire | veuf | veuve |
| nu | nue | vieux | vieille |
| nul | nulle | vif | vive |
| pieux | pieuse | vil | vile |
| plat | plate | vrai | vraie |

## Verbes.

| | | | |
|---|---|---|---|
| il a | ils ont | il fond | ils fondent |
| il bat | ils battent | il fuit | ils fuient |
| il boit | ils boivent | il hait | ils haïssent |
| il bout | ils bouillent | il houe | ils houent |
| il brait | ils braient | il hue | ils huent |
| il broie | ils broient | il joint | ils joignent |
| il ceint | ils ceignent | il joue | ils jouent |
| il cloue | ils clouent | il lie | ils lient |
| il coud | ils cousent | il lit | ils lisent |
| il court | ils courent | il loue | ils louent |
| il craint | ils craignent | il luit | ils luisent |
| il crie | ils crient | il ment | ils mentent |
| il croit | ils croient | il met | ils mettent |
| il croît | ils croissent | il meurt | ils meurent |
| il cuit | ils cuisent | il meut | ils meuvent |
| il dit | ils disent | il mord | ils mordent |
| il doit | ils doivent | il moud | ils moulent |
| il dort | ils dorment | il mue | ils muent |
| il fait | ils font | il naît | ils naissent |
| il faut | . . . . . | il nie | ils nient |
| il feint | ils feignent | il noie | ils noient |
| il fend | ils fendent | il noue | ils nouent |

| | | | |
|---|---|---|---|
| il nuit | ils nuisent | il sert | ils servent |
| il oint | ils oignent | il sied | ils siéent |
| il paie | ils paient | il sort | ils sortent |
| il part | ils partent | il sue | ils suent |
| il peint | ils peignent | il suit | ils suivent |
| il pend | ils pendent | il tait | ils taisent |
| il perd | ils perdent | il teint | ils teignent |
| il peut | ils peuvent | il tend | ils tendent |
| il plaint | ils plaignent | il tond | ils tondent |
| il plaît | ils plaisent | il tord | ils tordent |
| il pleut | . . . . . | il tient | ils tiennent |
| il plie | ils plient | il trait | ils traient |
| il ploie | ils ploient | il troue | ils trouent |
| il prend | ils prennent | il tue | ils tuent |
| il prie | ils prient | il va | ils vont |
| il raie | ils raient | il vainc | ils vainquent |
| il rend | ils rendent | il vaut | ils valent |
| il rompt | ils rompent | il vend | ils vendent |
| il rit | ils rient | il vêt | ils vêtent |
| il rue | ils ruent | il veut | ils veulent |
| il sait | ils savent | il vient | ils viennent |
| il scie | ils scient | il vit | ils vivent |
| il sent | ils sentent | il voit | ils voient |

VERBE **AVOIR** du respect, du zèle, du courage.

---

| INDICATIF. | PASSÉ INDÉFINI. |
|---|---|
| **PRÉSENT.** | |
| J'ai | J'ai eu |
| Tu as | Tu as eu |
| Il a | Il a eu |
| Nous avons | Nous avons eu |
| Vous avez | Vous avez eu |
| Ils ont | Ils ont eu |
| **IMPARFAIT.** | **PASSÉ ANTÉRIEUR.** |
| J'avais | J'eus eu |
| Tu avais | Tu eus eu |
| Il avait | Il eut eu |
| Nous avions | Nous eûmes eu |
| Vous aviez | Vous eûtes eu |
| Ils avaient | Ils eurent eu |
| **PASSÉ DÉFINI.** | **PLUS-QUE-PARFAIT.** |
| J'eus | J'avais eu |
| Tu eus | Tu avais eu |
| Il eut | Il avait eu |
| Nous eûmes | Nous avions eu |
| Vous eûtes | Vous aviez eu |
| Ils eurent | Ils avaient eu |

**FUTUR.**

J'aurai
Tu auras
Il aura
Nous aurons
Vous aurez
Ils auront

**FUTUR ANTÉRIEUR.**

J'aurai eu
Tu auras eu
Il aura eu
Nous aurons eu
Vous aurez eu
Ils auront eu

**CONDITIONNEL.**

**PRÉSENT.**

J'aurais
Tu aurais
Il aurait
Nous aurions
Vous auriez
Ils auraient

**PASSÉ.**

J'aurais eu

Tu aurais eu
Il aurait eu
Nous aurions eu
Vous auriez eu
Ils auraient eu

On dit aussi :
J'eusse eu, tu eusses
eu, il eût eu, nous
eussions eu, vous
eussiez eu, ils eus-
sent eu

**IMPÉRATIF.**

Aie
Ayons
Ayez

**SUBJONCTIF.**

**PRÉSENT.**

Que j'aie
Que tu aies
Qu'il ait
Que nous ayons
Que vous ayez
Qu'ils aient

IMPARFAIT.

Que j'eusse
Que tu eusses
Qu'il eût
Que nous eussions
Que vous eussiez
Qu'ils eussent

PASSÉ.

Que j'aie eu
Que tu aies eu
Qu'il ait eu
Que nous ayons eu
Que vous ayez eu
Qu'ils aient eu

PLUS-QUE-PARFAIT.

Que j'eusse eu
Que tu eusses eu
Qu'il eût eu
Que nous eussions eu
Que vous eussiez eu
Qu'ils eussent eu

INFINITIF.

PRÉSENT.

Avoir

PASSÉ.

Avoir eu

PARTICIPE.

PRÉSENT.

Ayant

PASSÉ.

Eu, ayant eu

VERBE **ÊTRE** attentif, docile, honnête, propre.

———

**INDICATIF.**

PRÉSENT.

Je suis
Tu es
Il est
Nous sommes
Vous êtes
Ils sont

IMPARFAIT.

J'étais
Tu étais
Il était
Nous étions
Vous étiez
Ils étaient

PASSÉ DÉFINI.

Je fus
Tu fus
Il fut
Nous fûmes
Vous fûtes
Ils furent

PASSÉ INDÉFINI.

J'ai été
Tu as été
Il a été
Nous avons été
Vous avez été
Ils ont été

PASSÉ ANTÉRIEUR.

J'eus été
Tu eus été
Il eut été
Nous eûmes été
Vous eûtes été
Ils eurent été

PLUS-QUE-PARFAIT.

J'avais été
Tu avais été

Il avait été
Nous avions été
Vous aviez été
Ils avaient été

FUTUR.

Je serai
Tu seras
Il sera
Nous serons
Vous serez
Ils seront

FUTUR ANTÉRIEUR.

J'aurai été
Tu auras été
Il aura été
Nous aurons été
Vous aurez été
Ils auront été

CONDITIONNEL.

PRÉSENT.

Je serais
Tu serais
Il serait

Nous serions
Vous seriez
Ils seraient

PASSÉ.

J'aurais été
Tu aurais été
Il aurait été
Nous aurions été
Vous auriez été
Ils auraient été

On dit aussi :
J'eusse été, tu eusses
été, il eût été, nous
eussions été, vous
eussiez été, ils eus-
sent été

IMPÉRATIF.

Sois
Soyons
Soyez

SUBJONCTIF.

PRÉSENT.

Que je sois

1..

Que tu sois
Qu'il soit
Que nous soyons
Que vous soyez
Qu'ils soient

### IMPARFAIT.

Que je fusse
Que tu fusses
Qu'il fût
Que nous fussions
Que vous fussiez
Qu'ils fussent

### PASSÉ.

Que j'aie été
Que tu aies été
Qu'il ait été
Que nous ayons été
Que vous ayez été
Qu'ils aient été

### PLUS-QUE-PARFAIT.

Que j'eusse été
Que tu eusses été
Qu'il eût été
Que nous eussions été
Que vous eussiez été
Qu'ils eussent été

## INFINITIF.

### PRÉSENT.

Être

### PASSÉ.

Avoir été

## PARTICIPE.

### PRÉSENT.

Étant

### PASSÉ.

Été, ayant été

# VERBE **AIMER.**

---

**INDICATIF.**

**PRÉSENT.**

J'aime
Tu aimes
Il aime
Nous aimons
Vous aimez
Ils aiment

**IMPARFAIT.**

J'aimais
Tu aimais
Il aimait
Nous aimions
Vous aimiez
Ils aimaient

**PASSÉ DÉFINI.**

J'aimai
Tu aimas
Il aima

Nous aimâmes
Vous aimâtes
Ils aimèrent

**PASSÉ INDÉFINI.**

J'ai aimé

**PASSÉ ANTÉRIEUR.**

J'eus aimé

**PLUS-QUE-PARFAIT.**

J'avais aimé

**FUTUR.**

J'aimerai
Tu aimeras
Il aimera
Nous aimerons
Vous aimerez
Ils aimeront

**FUTUR ANTÉRIEUR.**

J'aurai aimé

**CONDITIONNEL.**

PRÉSENT.

J'aimerais
Tu aimerais
Il aimerait
Nous aimerions
Vous aimeriez
Ils aimeraient

PASSÉ.

J'aurais aimé

ON DIT AUSSI :

J'eusse aimé

**IMPÉRATIF.**

Aime
Aimons
Aimez

**SUBJONCTIF.**

PRÉSENT.

Que j'aime
Que tu aimes
Qu'il aime
Que nous aimions
Que vous aimiez
Qu'ils aiment

IMPARFAIT.

Que j'aimasse
Que tu aimasses
Qu'il aimât
Que nous aimassions
Que vous aimassiez
Qu'ils aimassent

PASSÉ.

Que j'aie aimé

PLUS-QUE-PARFAIT.

Que j'eusse aimé

**INFINITIF.**

PRÉSENT.

Aimer

PASSÉ.

Avoir aimé

**PARTICIPE.**

PRÉSENT.

Aimant

PASSÉ.

Aimé, aimée, ayant
aimé

# VERBE **FINIR**.

### INDICATIF.

#### PRÉSENT.

Je finis
Tu finis
Il finit
Nous finissons
Vous finissez
Ils finissent

#### IMPARFAIT.

Je finissais
Tu finissais
Il finissait
Nous finissions
Vous finissiez
Ils finissaient

#### PASSÉ DÉFINI.

Je finis
Tu finis
Il finit

Nous finîmes
Vous finîtes
Ils finirent

#### PASSÉ INDÉFINI.

J'ai fini

#### PASSÉ ANTÉRIEUR.

J'eus fini

#### PLUS-QUE-PARFAIT.

J'avais fini

#### FUTUR.

Je finirai
Tu finiras
Il finira
Nous finirons
Vous finirez
Ils finiront

#### FUTUR ANTÉRIEUR.

J'aurai fini

## CONDITIONNEL.

### PRÉSENT.

Je finirais
Tu finirais
Il finirait
Nous finirions
Vous finiriez
Ils finiraient

### PASSÉ.

J'aurais fini

On dit aussi :

J'eusse fini

## IMPÉRATIF.

Finis
Finissons
Finissez

## SUBJONCTIF.

### PRÉSENT.

Que je finisse
Que tu finisses
Qu'il finisse
Que nous finissions
Que vous finissiez
Qu'ils finissent

### IMPARFAIT.

Que je finisse
Que tu finisses
Qu'il finît
Que nous finissions
Que vous finissiez
Qu'ils finissent

### PASSÉ.

Que j'aie fini

### PLUS-QUE-PARFAIT.

Que j'eusse fini

## INFINITIF.

### PRÉSENT.

Finir

### PASSÉ.

Avoir fini

## PARTICIPE.

### PRÉSENT.

Finissant

### PASSÉ.

Fini, finie, ayant fini.

# VERBE **RECEVOIR.**

INDICATIF.

PRÉSENT.

Je reçois
Tu reçois
Il reçoit
Nous recevons
Vous recevez
Ils reçoivent

IMPARFAIT.

Je recevais
Tu recevais
Il recevait
Nous recevions
Vous receviez
Ils recevaient

PASSÉ DÉFINI.

Je reçus
Tu reçus
Il reçut

Nous reçûmes
Vous reçûtes
Ils reçurent

PASSÉ INDÉFINI.

J'ai reçu

PASSÉ ANTÉRIEUR.

J'eus reçu

PLUS-QUE-PARFAIT.

J'avais reçu

FUTUR.

Je recevrai
Tu recevras
Il recevra
Nous recevrons
Vous recevrez
Ils recevront

FUTUR ANTÉRIEUR.

J'aurai reçu

CONDITIONNEL.

PRÉSENT.

Je recevrais
Tu recevrais
Il recevrait
Nous recevrions
Vous recevriez
Ils recevraient

PASSÉ.

J'aurais reçu

On dit aussi :

J'eusse reçu

IMPÉRATIF.

Reçois
Recevons
Recevez

SUBJONCTIF.

PRÉSENT.

Que je reçoive
Que tu reçoives
Qu'il reçoive
Que nous recevions
Que vous receviez
Qu'ils reçoivent

IMPARFAIT.

Que je reçusse
Que tu reçusses
Qu'il reçût
Que nous reçussions
Que vous reçussiez
Qu'ils reçussent

PASSÉ.

Que j'aie reçu

PLUS-QUE-PARFAIT.

Que j'eusse reçu

INFINITIF.

PRÉSENT.

Recevoir

PASSÉ.

Avoir reçu

PARTICIPE.

PRÉSENT.

Recevant

PASSÉ.

Reçu, reçue, ayant reçu

# VERBE **RENDRE.**

---

### INDICATIF.

#### PRÉSENT.

Je rends
Tu rends
Il rend
Nous rendons
Vous rendez
Ils rendent

#### IMPARFAIT.

Je rendais
Tu rendais
Il rendait
Nous rendions
Vous rendiez
Ils rendaient

#### PASSÉ DÉFINI.

Je rendis
Tu rendis
Il rendit
Nous rendîmes
Vous rendîtes
Ils rendirent

#### PASSÉ INDÉFINI.

J'ai rendu

#### PASSÉ ANTÉRIEUR.

J'eus rendu

#### PLUS-QUE-PARFAIT.

J'avais rendu

#### FUTUR.

Je rendrai
Tu rendras
Il rendra
Nous rendrons
Vous rendrez
Ils rendront

#### FUTUR ANTÉRIEUR.

J'aurai rendu

CONDITIONNEL.

PRÉSENT.

Je rendrais
Tu rendrais
Il rendrait
Nous rendrions
Vous rendriez
Ils rendraient

PASSÉ.

J'aurais rendu

On dit aussi :
J'eusse rendu

IMPÉRATIF.

Rends
Rendons
Rendez

SUBJONCTIF.

PRÉSENT.

Que je rende
Que tu rendes
Qu'il rende
Que nous rendions
Que vous rendiez
Qu'ils rendent

IMPARFAIT.

Que je rendisse
Que tu rendisses
Qu'il rendît
Que nous rendissions
Que vous rendissiez
Qu'ils rendissent

PASSÉ.

Que j'aie rendu

PLUS-QUE-PARFAIT.

Que j'eusse rendu

INFINITIF.

PRÉSENT.

Rendre

PASSÉ.

Avoir rendu

PARTICIPE.

PRÉSENT.

Rendant

PASSÉ.

Rendu, rendue,
ayant rendu.

## Dérivation des mots.

| | | | |
|---|---|---|---|
| abus | abuser | champ | champêtre |
| accord | accorder | chant | chanter |
| accroc | accrocher | chemin | cheminer |
| acquit | acquitter | chiffon | chiffonner |
| affront | affronter | combat | combattre |
| amas | amasser | commis | commission |
| argent | argenter | compas | compasser |
| arrêt | arrêter | coup | couper |
| art | artiste | débit | débiter |
| avis | aviser | dégoût | dégoûter |
| badin | badiner | dessin | dessiner |
| bavard | bavarder | don | donner |
| bec | becqueter | drap | draperie |
| bois | boiserie | écart | écarter |
| bond | bondir | éclat | éclater |
| bord | border | emploi | employer |
| bourdon | bourdonner | ennui | ennuyer |
| bout | *a*boutir | essai | essayer |
| bras | *em*brasser | expert | expertise |
| bruit | *é*bruiter | fagot | fagoter |
| cachet | cacheter | fil | filer |
| camp | camper | four | *en*fourner |

| | | | |
|---|---|---|---|
| fruit | fruitier | pot | poterie |
| fusil | fusiller | profit | profiter |
| galop | galopper | propos | proposer |
| gant | ganterie | rabais | rabaisser |
| goudron | goudronner | rang | ranger |
| gril | griller | récit | réciter |
| hasard | hasarder | refus | refuser |
| hiver | hiverner | regard | regarder |
| jardin | jardiner | regret | regretter |
| lait | laitage | repos | reposer |
| lard | lardon | respect | respecter |
| lit | literie | retard | retarder |
| maçon | maçonner | ris | risée |
| mors | morsure | rôt | rôtir |
| parfum | parfumer | tapis | tapisser |
| placard | placarder | toit | toiture |
| plan | planer | tracas | tracasser |
| plant | planter | train | traîner |
| poing | poignet | travers | traverser |
| point | pointer | trot | trotter |
| plomb | plomber | van | vanner |
| port | porter | vis | visser |

Il y a des exceptions.

**Pour bien écrire,**

Il faut que le siége et la table ne soient
ni trop hauts ni trop bas;
tenir le corps droit et d'aplomb;
la tête un peu inclinée vers la
table;

les pieds et les jambes d'aplomb;
l'estomac à deux doigts de la
table;
le bras gauche appuyé sur la
table;
le bras droit légèrement posé sur
la table;
la main gauche sur le cahier;
la plume avec les trois premiers
doigts;
les deux autres pliés sous la main;
ne pas serrer la plume.

## Nombres.

| | | | |
|---|---|---|---|
| 1 | un | 17 | dix-sept |
| 2 | deux | 18 | dix-huit |
| 3 | trois | 19 | dix-neuf |
| 4 | quatre | 20 | vingt |
| 5 | cinq | 30 | trente |
| 6 | six | 40 | quarante |
| 7 | sept | 50 | cinquante |
| 8 | huit | 60 | soixante |
| 9 | neuf | 70 | soixante-dix |
| 10 | dix | 80 | quatre-vingts |
| 11 | onze | 90 | quatre-vingt-dix |
| 12 | douze | 100 | cent |
| 13 | treize | 1 000 | mille |
| 14 | quatorze | 10 000 | dix mille |
| 15 | quinze | 100 000 | cent mille |
| 16 | seize | 1 000 000 | million |

## Exercices.

| | | | | | | |
|---|---|---|---|---|---|---|
| 9 | 43 | 97 | 111 | 188 | 675 | 1010 |
| 19 | 54 | 99 | 144 | 198 | 888 | 1100 |
| 20 | 65 | 100 | 156 | 200 | 999 | 1211 |
| 21 | 75 | 101 | 167 | 303 | 1 000 | 2142 |
| 32 | 87 | 110 | 177 | 665 | 1 001 | 3030 |

## Calcul.

Quatre et quatre font huit.
Trois fois quatre font douze.
Onze et onze font vingt-deux.
Trois fois onze font trente-trois.
Douze et douze font vingt-quatre.
Trois fois douze font trente-six.
Treize et treize font vingt-six.
Quatorze et quatorze font vingt-huit.
Quinze et quinze font trente.
Seize et seize font trente-deux.
Trente et trente font soixante.
Quarante et quarante font quatre-vingts.
Cinquante et cinquante font cent.
Quatre fois quatre font seize.
Quatre fois onze font quarante-quatre.
Quatre fois douze font quarante-huit.
Quatre fois quinze font soixante.
Douze fois douze font cent quarante-quatre.

# TROISIEME PARTIE.

## MOTS DE DEUX, DE TROIS ET DE QUATRE SYLLABES.

Il y a neuf espèces de mots : le Nom, l'Article, l'Adjectif, le Pronom, le Verbe, l'Adverbe, la Préposition, la Conjonction et l'Interjection.

### Noms.

Les noms sont des mots qui servent à nommer les personnes ou les choses : **homme, cheval, maison.**

Il y a deux sortes de noms : le nom commun et le nom propre.

Le nom commun est celui qui convient à toutes les personnes ou à toutes les choses de la même espèce : **homme, cheval, maison.**

Le nom propre est celui qui ne convient pas à toutes les personnes ou à toutes les choses de la même espèce : **Napoléon, la France, Paris.**

| NOMS de parties du corps | NOMS d'aliments | NOMS de vêtements | NOMS d'objets mobiliers. |
|---|---|---|---|
| bouche | beurre | blouse | armoire |
| cheveu | biscuit | bonnet | arrosoir |
| côté | cerise | calotte | balai |
| coude | chocolat | casquette | bouteille |
| crâne | fraise | chapeau | chaise |
| cuisse | fromage | chemise | commode |
| épaule | galette | cravate | corbeille |
| estomac | gâteau | culotte | couchette |
| genou | groseille | gilet | cuillère |
| gorge | pâté | habit | fourchette |
| jambe | pêche | jupe | horloge |
| langue | poisson | jupon | lampe |
| menton | pomme | manteau | linge |
| oreille | poire | pantalon | matelas |
| poignet | prune | robe | miroir |
| poitrine | raisin | sabot | panier |
| pouce | rôti | soulier | soupière |
| talon | soupe | tablier | table |
| tête | sucre | veste | tasse |
| ventre | viande | voile | verre |

| NOMS d'outils. | NOMS. de professions. | NOMS de minéraux. | NOMS de végétaux. |
|---|---|---|---|
| aiguille | berger | alun | avoine |
| alène | boucher | ardoise | froment |
| bêche | boulanger | argent | luzerne |
| brouette | cabaretier | bitume | navette |
| canif | charron | caillou | orge |
| charrue | cordonnier | cendre | sainfoin |
| ciseau | cultivateur | cuivre | sarrasin |
| couteau | épicier | diamant | seigle |
| fourche | horloger | étain | trèfle |
| hache | imprimeur | grève | carotte |
| herse | jardinier | houille | haricot |
| marteau | libraire | marbre | navet |
| pelle | maçon | mercure | oignon |
| pioche | maréchal | métaux | oseille |
| rasoir | médecin | minerai | radis |
| râteau | menuisier | pierre | salade |
| serpe | meunier | plâtre | cerisier |
| tenailles | peintre | potasse | pêcher |
| tombereau | percepteur | sable | poirier |
| truelle | sabotier | salpêtre | pommier |
| voiture | tailleur | terre | prunier |
| vrille | vigneron | vitriol. | vigne |

## Noms d'animaux.

| | | | |
|---|---|---|---|
| agneau | fourmi | mouton | renard |
| âne | hibou | mulet | singe |
| cheval | lapin | papillon | souris |
| chèvre | lièvre | perdrix | taupe |
| corbeau | limace | pigeon | taureau |
| dindon | mouche | poule | tigre |

## Noms de parenté.

| | | | |
|---|---|---|---|
| cousin | fille | marraine | papa |
| cousine | filleul | mère | parrain |
| enfant | fils | neveu | père |
| épouse | frère | nièce | sœur |
| époux | maman | oncle | tante |

## Compléments des noms.

| | |
|---|---|
| agent de police | livre d'église |
| branche d'arbre | morceau de sucre |
| cadran d'horloge | mouchoir de poche |
| chemin de la croix | notions de calcul |
| création du monde | patte de mouche |
| date du billet | perte du temps |

| | |
|---|---|
| écaille de poisson | plume d'oiseau |
| épi de froment | portail de l'église |
| feuille de papier | question d'histoire |
| gigot de mouton | rayon du soleil |
| griffe de chat | sirop de gomme |
| histoire de France | soupirail de la cave |
| journée de l'ouvrier | source du ruisseau |
| jugement de Dieu | tige d'oignon |
| lame de couteau | usage du pays |
| pièce de monnaie | vase de terre. |

---

## Homonymes.

| | |
|---|---|
| air du temps | autel d'église |
| aire de grange | hôtel de ville |
| | |
| alène de cordonnier | bas d'enfant |
| haleine du malade | bât d'âne |
| | |
| amande de l'arbre | bouilli de la soupe |
| amende de police | bouillie de farine |
| | |
| ancre de vaisseau | boue de la rue |
| encre de bureau | bout de ficelle |

<table>
<tr><td>

cane de la basse-cour  
canne du voyageur

champ du laboureur  
chant de l'oiseau

clair de la lune  
clerc de notaire

col de chemise  
colle de farine.

compte de l'ouvrier  
comte du château  
conte d'almanach

coq du clocher  
coque de l'œuf

cor de chasse  
corps de l'homme

cou du cheval  
coup de marteau

cour de la ferme  
cours d'eau

</td><td>

cygne de la basse-cour  
signe de la croix

dessein de Dieu  
dessin du peintre

faim de l'indigent  
fin de l'année

foi du chrétien  
foie de porc

fond du puits  
fonds de terre  
fonts de baptême

lie de vin  
lit du malade  
lis des champs

mal de dents  
malle du voyageur

maire de la commune  
mère de famille  
mer du Nord

</td></tr>
</table>

marc de café

mare d'eau

paie de l'ouvrier

paix du cœur

paire de gants

père de famille

pan d'habit

paon de la basse-cour

péché d'Adam

pêcher du jardin

plan du terrain

plant de salade

pois de jardin

poids de la caisse

poix du cordonnier

porc de la ferme

port de lettre

raie d'une étoffe

rais de la roue

seau de la cuisine

saut du mouton

sel de cuisine

selle du cheval

ver de terre

verre de lunette

vers du poëte

vice de l'animal

vis de la mécanique

voie du ciel

voix de Dieu

---

| **Péchés capitaux.** | **Vertus opposées.** |
|---|---|
| l'orgueil | l'humilité |
| l'avarice | le désintéressement |
| la luxure | la chasteté |

| | |
|---|---|
| l'envie | la charité |
| la gourmandise | la sobriété |
| la colère | la modération |
| la paresse | l'amour du travail. |

| **Défauts.** | **Qualités opposées.** |
|---|---|
| l'incrédulité | la foi |
| le désespoir | l'espérance |
| la haine | l'amour |
| la fausseté | la franchise |
| l'ingratitude | la reconnaissance |
| la méchanceté | la bonté. |
| l'injustice | la justice. |
| l'impatience | la patience |
| la malhonnêteté | l'honnêteté |
| l'impolitesse | la politesse. |

---

**Synonymes.**

| | |
|---|---|
| Palais du prince | Tanière de l'ours |
| Château du seigneur | Niche du chien |
| Maison du bourgeois | Gîte du lièvre |
| Chaumière du pauvre | Terrier du lapin |
| Loge du charbonnier | Nid de l'oiseau. |

Salaire de l'ouvrier.
Honoraires de l'architecte.
Droits d'un fonctionnaire.
Appointements d'un employé.
Gages d'un domestique.
Traitement d'un fonctionnaire.

---

## Distinction des choses.

La gourmandise est un vice.
La sobriété est une vertu.
La prodigalité est un défaut.
L'économie est une qualité.
Le pain est un aliment.
Un manteau est un vêtement.
Une armoire est un meuble.
Le chien est un animal.
L'aigle est un oiseau.
La fourmi est un insecte.
La guimauve est une plante.
L'anguille est un poisson.
La violette est une fleur.
Le chêne est un arbre.
L'orange est un fruit.

L'argent est un métal.
La houille est un minéral.
La scie est un outil.
Le compas est un instrument.
Le fusil est une arme.

---

**Notions industrielles.**

Le sucre s'extrait d'une espèce de bet-
terave et d'une espèce de roseau appelé canne,
Le café est la graine d'un arbrisseau
d'Amérique,
La bière est faite avec de l'orge et du
houblon,
Le tabac est une plante originaire d'A-
mérique,
Le papier se fait avec de vieux chif-
fons broyés et réduits en pâte,
Les tissus se font avec du fil de chan-
vre, de lin, de coton, de soie, de
laine,
Le coton vient d'un arbrisseau d'Amérique et d'Asie,

La soie est produite par un ver appelé
 ver-à-soie,
Les substances qui servent à l'éclairage
 sont : le suif, l'huile, la cire,
Le suif est la graisse du mouton, du
 bœuf,
L'huile s'extrait de la graine de chan-
 vre, de lin, de navette, des olives,
La cire est faite par les abeilles,
La poix et le goudron se tirent du pin
 et du sapin,
Le liége est l'écorce d'un arbre du midi
 de la France et de l'Espagne.

### Article.

L'article est un petit mot que l'on met devant le nom. Il en fait connaître le genre et
le nombre.

Les articles sont : **le, la, les, du** pour de le,
**des** pour de les, **au** pour à le, **aux** pour à les.

### Exemples.

Il faut obéir aux lois et respecter l'autorité,

La première qualité de l'enfant est l'obéissance,

Les écoliers aimant l'étude font des progrès,

L'instruction est la richesse et le bonheur du pauvre,

La vertu et l'étude conduisent au bonheur,

Les bons livres ornent l'esprit et forment le cœur,

La lecture est l'aliment de l'esprit,

La réflexion augmente l'intelligence,

Le travail est la source de tous les biens,

La réputation est le plus grand de tous les biens,

Le travail éloigne l'ennui, le vice et la misère,

L'oisiveté est comme la rouille, elle use plus que le travail,

L'oisiveté est la mère de tous les vices,

Le désordre, le luxe et la paresse ruinent les familles,

Le jeu perd l'argent, le temps, la conscience et les mœurs,

La crainte de Dieu est la source du bien,
L'envie ronge le cœur de l'homme,
La sobriété est la modération dans le
boire et le manger,
Les excès nuisent à la santé,
Il est honteux de vivre aux dépens des
autres.

———

**Nous avons cinq sens, au moyen desquels nous connaissons les personnes et les choses.**

Ces sens sont :
La vue, l'ouïe, l'odorat, le goût et le
toucher.
La vue a lieu par les yeux.
L'ouïe a lieu par les oreilles.
L'odorat a lieu par le nez.
Le goût a lieu par la bouche.
Le toucher a lieu par les mains principalement et par toutes les parties du
corps.

———

### Adjectifs.

1° L'adjectif est un mot que l'on ajoute à un
nom pour marquer la qualité ou la manière d'être
d'une personne ou d'une chose ;

2° On connaît qu'un mot est adjectif quand on peut y ajouter·personne ou chose.

Il y a cinq sortes d'adjectifs : les adjectifs qualificatifs, les adjectifs démonstratifs, les adjectifs possessifs, les adjectifs de nombre, et les adjectifs indéfinis.

## Adjectifs qualificatifs.

L'adjectif qualificatif marque la qualité d'une personne ou d'une chose.

**Exemples** (Qualités des animaux).

| | |
|---|---|
| L'âne est patient | La chenille est hideuse |
| La brebis est timide | Le chien est fidèle |
| La chèvre est capricieuse | Le mulet est têtu |
| La cigale est paresseuse | L'oie est sotte |
| Le coq est matinal | Le papillon est volage |
| Le dindon est stupide | Le perroquet est bavard |
| L'écureuil est vif | La pie est voleuse |
| La fourmi est laborieuse | Le porc est sale |
| | Le renard est rusé |
| | Le singe est malin |

Le lièvre est crain-
  tif
Le lion est méchant
Le mouton est doux

La souris est nuisible
Le ver-à-soie est in-
  dustrieux
Le tigre est cruel

---

## Qualités des aliments.

Le biscuit est léger
Les cerises sont ra-
  fraîchissantes
Le foie est lourd
Le jambon est échauf-
  fant
Le riz est nourrissant
Le sel est altérant
Le sucre est digestif

Les noix sont alté-
  rantes
Le pâté est indigeste
La pomme est saine
La pomme de terre
  est légère
La viande est nutri-
  tive
Le vin est fortifiant

---

## Comment sont les choses.

L'argent est blanc
La boule est ronde
Le charbon est noir
Le fiel est amer

Le marbre est froid
La neige est blanche
L'or est jaune
La plume est légère

| | |
|---|---|
| Les fleurs sont odo-rantes | Le puits est profond |
| La glace est froide | Le sang est rouge |
| L'herbe est verte | La soie est douce |
| Le liége est léger | Le soleil est brillant |
| | La suie est amère |

**Equivalents.**

L'autorité paternelle, — du père.

Les contrées méridionales, — du midi.

Les devoirs religieux, — de la religion.

Une eau pluviale, — de pluie.

Les facultés intellectuelles, — de l'intelligence.

La faiblesse humaine, — de l'homme.

La fête patronale, — du patron.

Une fleur printanière, — du printemps.

Le garde forestier, — de la forêt.

Le garde-champêtre, — des champs.

L'heure matinale, — du matin.

Un homme spirituel, — d'esprit.

Un jeu enfantin, — d'enfant.

La justice divine, — de Dieu.

Les maladies corporelles, — du corps.

La messe paroissiale, — de la paroisse.
Une œuvre pieuse, — de piété.
Des parfums orientaux, — d'Orient.
Une patience angélique, — d'ange.
Une plume métallique, — de métal.
Les produits agricoles, — de l'agriculture.
Des propositions pacifiques, — de paix.
La puissance souveraine, — du souverain.
Les règles grammaticales, — de grammaire.
Un règne tyrannique, — de tyran.
La religion chrétienne, — du chrétien.
Le talent musical, — de la musique.
Un temps orageux, — d'orage.
Une ville commerçante, — de commerce.
Une visite amicale, — d'ami.

---

**Autres exemples.**

Le Prince *impérial* est l'espoir de la France.
Dieu connaît nos plus *secrètes* pensées.
Une *mauvaise* action rend la conscience *in-
quiète.*

Si tu étais plus *pieux* tu serais plus *heureux*.

L'homme *juste* ne craint point les peines *éternelles*.

Soyons toujours *prêts* à paraître devant Dieu.

Ne laissez pas l'enfant prendre de *mauvaises* habitudes.

On estime un enfant *sage et laborieux*.

On aime les enfants *polis* et *obéissants*.

Les écoliers *attentifs* deviendront *savants*.

Les élèves *paresseux* et *indociles* restent *igno-rants*.

La paresse et le mensonge sont *avilissants*.

Les personnes *inactives* ont la conscience *mauvaise*.

La paresse rend tout *difficile ;* le travail rend tout *aisé*.

Rien n'est *impossible* à l'homme *courageux*.

Pour se reposer *vieux*, il faut travailler *jeune*.

L'éducation fait les *honnêtes* gens et les *bons* citoyens.

La religion est la base d'une éducation *solide* et *vertueuse*.

Les *bons* exemples sont les *meilleures* leçons.

Les amis *sûrs* et *dévoués* sont *rares*.

Le flatteur est *égoïste, faux, vil, trompeur.*

L'*envieux* est le violateur des lois *divines* et *humaines.*

On doit préférer l'*utile* à l'*agréable.*

On déteste les personnes *contrariantes.*

Accoutumez-vous toujours à une nourriture *frugale.*

L'*ivrognerie* est *abrutissante.*

Les eaux *croupissantes* sont *malsaines.*

L'eau *froide* est le plus *simple* et le *meilleur* remède contre la brûlure.

La *première* qualité de l'écriture est d'être *lisible.*

Le baptême efface le péché *originel* et nous fait *chrétiens.*

---

### Adjectifs démonstratifs.

L'adjectif démonstratif est un mot que l'on ajoute à un nom pour montrer une personne ou une chose.

### Exemples.

Dans *ce* monde on n'a rien sans peine.

*Cette* vie doit être une préparation à l'autre.

*Ce* jour est peut-être le dernier de ma vie.

*Cet* enfant aimant l'étude deviendra savant.
Si *ces* enfants n'obéissent pas, Dieu les punira.

---

### Adjectifs possessifs.

L'adjectif possessif est un mot que l'on ajoute à un nom pour marquer la possession.

### Exemples.

Craignez Dieu et observez *ses* commandements.

Remplissez exactement tous *vos* devoirs.

*Notre* bonheur dépend de *notre* conduite.

*Notre* sort éternel est entre *nos mains*.

Aime *ton* âme, *tes* parents, *ta* famille, *ton* prochain.

Obéis à *ton* père, à *ta* mère et à *tes* supérieurs.

Les enfants de mauvaise conduite font honte à *leurs* parents.

Il vaut mieux perdre *sa* fortune que *son* honneur.

Une personne économe règle *sa* dépense sur *son* revenu.

## Adjectifs de nombres.

L'adjectif numéral est un mot que l'on ajoute au nom pour marquer le nombre.

### Exemples.

La terre a *quarante mille* kilomètres de tour.

Le Prince impérial est né en mars *mil huit cent cinquante-six*.

Un octogénaire est un homme de *quatre-vingts* ans.

Le quintal métrique vaut *cent* kilogrammes.

La France est divisée en *quatre-vingt-neuf* départements.

Les cultivateurs occupent le *premier* rang parmi les ouvriers nécessaires.

L'habitude est une *seconde* nature.

---

### Adjectifs indéfinis.

L'adjectif indéfini est un mot que l'on ajoute au nom pour marquer d'une manière vague, générale.

### Exemples.

Aimons Dieu de *tout* notre cœur.

Il ne peut y avoir *plusieurs* Dieux.

*Nulle* paix pour l'impie, il la cherche, elle fuit.

*Quel* repos, *quelle* situation pour un cœur en proie aux remords !

Vis de *telle* sorte que la mort te trouve prêt.

Il faut mettre *chaque* chose à sa place.

Un malheur instruit mieux qu'*aucune* remontrance.

Pour réussir, il faut faire *quelques* efforts.

La lecture est la clef de *toutes* les sciences.

La tempérance est la modération en *toutes* choses.

On voit les défauts d'*autrui* d'un *autre* œil que les siens.

---

### Pronoms.

Le pronom est un mot qui tient la place du nom.

Il y a cinq sortes de pronoms : les pronoms personnels, les pronoms possessifs, les pronoms relatifs et les pronoms indéfinis.

## Pronoms personnels.

Le pronom personnel tient la place d'un nom de personne.
Il y a trois personnes :
La première est celle qui parle.
La deuxième est celle à qui l'on parle.
La troisième est celle de qui l'on parle.

## Exemples.

*Il* faut aimer ses parents et *leur* obéir.

Le temps passe vite, *il* faut *le* bien employer.

Songez à vos devoirs et remplissez-*les*.

On est content de *soi* quand on a fait son devoir.

La chose la plus aisée devient difficile quand on *la* fait à contre-cœur.

L'instruction est un trésor ; le travail *en* est la clef.

La mémoire *s'*accroît par l'application.

Dis-*moi* qui *tu* hantes, *je te* dirai qui *tu* es.

Fréquentez les gens de bien et *vous* le deviendrez.

Fuyez la tentation afin de n'*y* pas succomber.

Si *tu* ne veux pas qu'on *le* sache, ne *le* fais pas.

*Vous* devez le bon exemple à vos jeunes frères.

Rendez à chacun ce qui *lui* est dû.

Qui ouvre son cœur à l'ambition, *le* ferme au repos.

Ne recevez pas de présents, vous *en* seriez esclave.

*Il* vaut mieux souffrir l'injustice que de *la* commettre.

La santé *se* conserve par la tempérance.

Les plaisirs dégradent ceux qui *s'y* livrent.

Vis de telle sorte que si la mort *te* surprend *elle te* trouve prêt.

———

### Pronoms démonstratifs.

Le pronom démonstratif est un mot qui tient la place d'un nom et il sert à montrer.

### Exemples.

*Ce* qui nous importe, *c'*est de remplir nos devoirs.

Pense à *ce* que tu as à faire.

*Celui* qui travaille fait des progrès.

*C*'est en lisant qu'on apprend à lire.

Nous estimons *ceux* que l'honneur dirige.

La mort n'a rien d'affreux pour *celui* qui n'a rien à craindre.

*Celui-là* est perdu qui fréquente les mauvaises compagnies.

*Ce* sont les passions qui nous perdent.

Pratiquez la vertu, fuyez la paresse; *celle-ci* rend malheureuse, *celle-là* mène au bonheur.

Consultez *ceux* qui ont l'expérience de la vie.

Avant de parler, songez à *ce* que vous allez dire.

Les meilleures leçons sont *celles* de l'expérience.

*Celui-là* est complice du médisant, qui prend plaisir à l'écouter.

A table, évitez de dire : je n'aime pas *ceci*, donnez-moi *cela*.

---

### Pronoms possessifs.

Le pronom possessif est un mot qui tient la place d'un nom et il marque la possession.

**Exemples.**

Le bonheur de tes parents dépend du *tien ;*
que ta tendresse réponde à la *leur.*

Il faut rendre à chacun le *sien.*

Respecte la propriété de ton voisin si tu veux
qu'il respecte la *tienne.*

Tu blâmes sa conduite ; la *tienne* est-elle plus
sage ?

Notre devoir est de vous donner des conseils,
le *vôtre* est de les suivre.

Avant de critiquer les défauts d'autrui, cor-
rigez les *vôtres.*

Si la ville a ses avantages, la campagne a les
*siens.*

---

**Pronoms relatifs.**

Le pronom relatif est un mot qui a relation à un nom
ou à un pronom qui est devant dans la même phrase.

**Exemples.**

C'est Dieu *qui* a créé le monde.

Ne fais pas aux autres ce *que* tu ne voudrais
pas qu'on te fît.

Celui *qui* aime la vertu est heureux.

L'enfant *qui* est sage est la joie de son pere et de sa mère.

Demandons à Dieu les grâces *dont* nous avons besoin.

Le seul bien *qu'*on ne peut nous ravir, c'est la science.

Les mauvais livres perdent ceux *qui* les lisent.

On prend ordinairement les manières de ceux *que* l'on fréquente.

---

## Pronoms indéfinis.

Le pronom indéfini remplace un nom de personne ou de chose sans la faire connaître.

## Exemples.

Le bien *d'autrui* tu ne prendras ni retiendras.

*Nul* ne fait mal qu'il n'en soit puni.

Dieu rendra à *chacun* selon ses œuvres ; *personne* ne peut échapper à sa justice.

Réfléchis avant de *rien* entreprendre.

*Quiconque* est laborieux ne s'ennuie jamais.

*Personne* n'est exempt de peines.

L'impatience ne remédie à *rien.*

Nous devons *tous* observer la politesse.

Avant de répondre écoutez ce qu'*on* vous dit.

*Chacun* aime un enfant soumis et respectueux.

Ne parlez jamais mal les *uns* des *autres.*

Le sage pèse *chacune* de ses paroles.

Rendez-vous service les *uns* aux *autres.*

---

### Verbes.

Le verbe est un mot qui marque une action ou un état. On connaît qu'un mot est verbe quand on peut mettre, je, tu, il, devant.

Le verbe se met au même nombre et à la même personne que son sujet.

Le sujet d'un verbe est celui qui fait l'action marquée par le verbe.

On trouve le sujet d'un verbe en faisant la question Qui est-ce qui? ou Qu'est-ce que?

## Exemples (cris des animaux).

| | |
|---|---|
| L'âne brait | Le loup hurle |
| La brebis bêle | Le merle siffle |
| Le chat miaule | La mouche bourdonne |
| Le cheval hennit | Le perroquet parle |
| Le chien aboie | La pie bavarde |
| Le cochon grogne | Les poulets piaulent |
| Le coq chante | Les animaux crient |
| Le lion rugit | Les oiseaux chantent |

---

## Bruit des choses.

| | |
|---|---|
| La bombe éclate | Le fouet claque |
| La cloche sonne | Le pas retentit |
| Le drapeau flotte | La scie crie |
| L'écho répond | Le tonnerre gronde |
| Le feu pétille | Le vent souffle. |

---

## Professions.

| | |
|---|---|
| L'avocat défend l'accusé | Le boulanger fait du pain |
| Le berger garde les brebis | Le charpentier fait la charpente |
| Le boucher vend la viande | Le cordonnier fait les souliers |

Le cultivateur cultive la terre

Le forgeron façonne le fer

Le général commande l'armée

Le gendarme arrête le malfaiteur

L'instituteur instruit les enfants

Le jardinier cultive les plantes

Le libraire vend les livres

Le maçon construit les maisons

Le maréchal ferre les chevaux

Le médecin soigne les malades

Le menuisier fait des meubles

Le meunier moud du grain

L'orfèvre travaille l'or et l'argent

Le soldat défend sa patrie

Le tailleur taille les habits

Le vigneron cultive la vigne.

---

**Jésus-Christ (14 articles).**

Jésus-Christ fut annoncé par les pro- phètes

Il fut conçu du Saint-Esprit

Il naquit d'une Vierge

Il parcourut la Judée

Il prêcha l'évangile

Il fut vendu par Judas

Il fut condamné à mort

Il fut crucifié

Il fut mis dans le tombeau

Il descendit aux enfers

Il ressuscita le troi- sième jour

| | |
|---|---|
| Il resta quarante jours avec ses disciples<br>Il monta au Ciel | Il s'assit à la droite de son Père. |

---

### Autres exemples.

*Réfléchis* toujours avant de *parler*.

*Parler* sans *réfléchir*, c'est *tirer* sans *viser*.

Qui *parle, sème;* qui *écoute, récolte*.

*Règle* tes pensées, *pèse* tes paroles.

N'*interromps* pas celui qui *parle*.

*Énonçons*-nous clairement.

*Ménageons* notre temps, *employons*-le bien.

Celui qui *perd* son temps *fait* une faute irréparable.

*Hâte*-toi, le temps *fuit* et ne *revient* plus.

La paresse *amène* la misère.

*Lève*-toi aussitôt qu'on t'*appelle*.

Il *importe* que tu *vainques* tes défauts.

L'habitude nous *apprend* à *supporter* le travail.

Le courage nous *fait surmonter* bien des obstacles.

Vous *sauriez* mieux si vous *étudiiez* avec plus de soin.

Je *profiterai* du temps de ma jeunesse pour m'*instruire*.

Il *faut* que j'*acquiers* des connaissances.

J'*écoutai* les bons avis et je les *suivis*.

Je me *tus* et ne *parlai* qu'à propos.

J'*écoute* mon maître et ne l'*interromps* pas.

*Fuyez* le vice ; il *ferait* votre malheur.

*Pratiquez* la vertu ; elle *assurera* le bonheur de votre vie.

Si vous *êtes* bons, vous *serez bénis* de Dieu.

Vous *serez* tous *jugés* suivant vos actions.

La justice *protège* les bons et *punit* les méchants.

On *meurt* avec calme quand on *a* bien *vécu*.

*Règle* tous les soirs les affaires de ta conscience.

Je ne *recèlerai* pas les choses volées

N'*envie* pas le bonheur du prochain.

N'*empiète* jamais sur le terrain d'autrui.

Les biens mal *acquis* s'en *vont* comme ils *sont venus*.

L'envie *rend* hideux ceux qui en *sont atteints*.

*Aimez,* on vous *aimera; faites* du bien, on vous en *fera*.

Ne *haïssons* pas celui qui nous *hait*.

La haine *est* un poison qui *dessèche* et qui *tue*.

Rien ne *plaît* de la part de quelqu'un qu'on n'*aime* pas.

On n'*adhère* pas à une chose qui n'*est* pas raisonnable.

Il *faut* bien que tu *veuilles* ce que tu ne *peux* empêcher.

Ne *médisez* pas de vos semblables.

Ne profère pas de paroles injurieuses.

Ne *prêtez* pas l'oreille aux mauvais discours.

La prudence *veut* que nous ne nous *confiions* pas à tout le monde.

Ne vous *dédisez* pas d'une parole *donnée*.

On *achète* toujours trop cher ce qui n'*est* pas nécessaire,

Je *sentis* mes torts et je les *réparai*.

Les excès *abrègent* la vie.

L'ivrogne *altère* sa santé, son esprit et sa bourse.

Nous ne *dévierons* pas de la bonne voie.

Il *faut* que nous *prenions* de bonnes habitudes.

----

## L'Adverbe.

L'Adverbe est un mot qui modifie le verbe, l'adjectif ou un autre adverbe.

### Exemples.

*Ne* remets pas à *demain* ce que tu peux faire *aujourd'hui*.

Le temps perdu *ne* se retrouve *jamais*.

Tu regretteras *plus tard* le temps que tu auras perdu.

On oublie *vite* ce que l'on a *mal* appris.

Les premières impressions s'effacent *difficilement*.

Habituez-vous à parler *distinctement* et le *plus correctement* possible.

L'intérêt désunit *parfois* les familles.

Sans l'estime il *n*'est *point* de solide amitié.

*Trop* gratter cuit ; de *même, trop* parler nuit.

Il vaut *mieux* se taire que de parler *mal-à-propos*.

Consultez les vieillards; ils ont *beaucoup* vu.

La prudence fait éviter *bien* des dangers.

*Toujours* il faut voir le but *où* l'on tend.

Vous n'avancerez dans la vertu *qu'autant que* vous vous ferez violence.

Réfléchis *longtemps* avant de choisir un état.

Les gens sobres se portent *bien* et vivent *longtemps*.

Les méchants seront punis *tôt ou tard*.

---

## La Préposition.

La préposition marque le rapport entre les mots.

### Exemples.

Dieu rendra *à* chacun *selon* ses œuvres.

Le devoir *avant* tout et le plaisir *après*.

Le travail est le meilleur remède *contre* l'ennui.

Chacun a sa tâche *à* remplir *en* ce monde.

Napoléon gouverne la France *avec* sagesse.

*Pour* savoir lire, il faut étudier *avec* soin.

*Avec* le temps et la patience on vient *à* bout *de* tout.

Attachez-vous *à* vaincre vos défauts.

Évitez la compagnie *des* méchants.

Soyez *en* garde *contre* les petites dépenses.

La sobriété est la modération *dans* le boire et le manger.

Un mauvais fils cause *de* la peine *à* ses parents.

La politesse doit être observée *par* les enfants.

Soyez polis *envers* tout le monde.

La froideur *d'*un salut est une injure.

Si vous approchez *des* grands soyez courts *dans* vos visites.

C'est *en* faisant votre devoir que vous prouverez votre respect.

Ce n'est qu'*en* remplissant tous nos devoirs que nous pourrons espérer *d'*être heureux.

---

## La Conjonction.

La conjonction sert à joindre deux membres de phrase.

### Exemples.

Dieu est bon, *mais* il est juste.

C'est en Dieu *que* nous devons mettre notre espérance.

Soyons attentifs *si* nous voulons acquérir des connaissances.

*Pendant* la classe on ne doit songer *qu'*à s'instruire.

*Si* le travail vous effraie, *que* la récompense vous anime.

La vertu rend heureux *et* le vice malheureux.

Il faut éviter le mal *et* faire le bien.

On ne peut *que* gagner en bonne compagnie.

On n'évite le vice *qu'*en le fuyant.

C'est manquer le bonheur des enfants *que* de céder à leurs caprices.

L'exemple fait plus *que* la parole.

On ne croit plus le menteur *quand* même il dirait la vérité.

---

### L'Interjection.

L'interjection sert à exprimer les sentiments vifs de l'âme.

**Exemples.**

*Hé! hé!* à quoi songez-vous?

*Hé bien!* que faîtes-vous?

*Oh!* que l'impatience empêche de biens et cause de maux !

*Ha!* vous êtes dévot et vous vous emportez !

*O* mortels ignorants de leur destinée !

*Ah!* comme une bonne action rafraîchit le sang.

*Eh!* mon ami, la mort peut te surprendre.

*Oh!* qu'il est cruel de vivre sans espoir.

*Silence!* on doit se taire en classe.

*Oh!* que la saison est belle au printemps.

L'hiver est bien, *hélas!* l'image de la vieillesse.

———

### Récapitulation.

L'ordre a trois avantages : il soulage la mémoire, il ménage le temps, il conserve les choses.

L'amour filial est le respect, la soumission et le dévouement qu'un fils doit avoir pour ses parents.

Pour conserver l'amitié ou la bienveillance de quelqu'un, il ne faut pas le déranger trop souvent.

Nos plus sûrs protecteurs sont nos talents et notre bonne conduite.

Celui qui dans sa jeunesse pratique le bien et suit la voie de la vertu est calme et heureux dans sa vieillesse, mais celui qui fait un mauvais usage de ses facultés est plein de regrets et de tristesse à la fin de sa vie.

Une infinité de jeunes gens se perdent parce qu'ils fréquentent les mauvais sujets.

Ceux qui ont la bonté de nous avertir de nos défauts sont nos meilleurs amis, nous devons les estimer bien plus que ceux qui nous flattent.

Vous devez avoir pour vos parents une obéissance entière, une pleine confiance et une vive reconnaissance.

Le plus heureux est celui dont la conscience est tranquille et dont les désirs sont modérés.

Ce n'est pas assez de connaître ses devoirs, il faut avoir assez de courage pour les remplir.

En remplissant ses devoirs avec un soin consciencieux, un jeune homme s'attirera toūjours l'estime et l'amitié de ses parents et de ses supérieurs.

Évitez les procès, même les meilleurs; souvent la santé s'altère et les biens se dissipent en plaidant.

Il y en a beaucoup qui ne sont pas ce qu'ils devraient être parce qu'ils n'ont pas cultivé leur intelligence.

Défiez-vous de votre jeunesse et gardez les paroles de ceux qui ont l'expérience de la vie.

Soulagez votre père dans sa vieillesse et supportez ses défauts.

Le meilleur héritage qu'un père puisse laisser à ses enfants, c'est le bon exemple.

Défiez-vous des belles paroles, des gens qui se vantent d'être vertueux. Jugez-en par leurs actions et non par leurs discours.

Les premières impressions de notre cœur sont celles qui ne s'effacent jamais complétement.

On s'occupe assez de l'instruction qui ouvre l'esprit, et trop peu de l'éducation qui forme le caractère.

Le but de l'éducation est de développer l'intelligence, d'inspirer l'amour de la vertu, de former des hommes religieux et des citoyens utiles.

La gourmandise est un vice honteux qui rend l'homme semblable à la brute.

La sobriété consiste à ne prendre d'aliments que la quantité nécessaire pour vivre.

Le prodigue dépense trop, l'avare pas assez, l'économe ce qu'il faut, rien de plus, rien de moins.

Quand une disgrâce est inévitable, le meilleur parti est de s'y soumettre avec résignation.

Les livres sont à l'âme ce que la nourriture est au corps.

La mise des enfants à l'école devra toujours être propre et décente.

La chose la plus aisée devient difficile quand on la fait à contre-cœur.

N'oublions pas que Dieu qui nous voit, saura nous récompenser ou nous punir selon nos mérites.

Ayez la conscience pure et vous posséderez toujours la joie.

Le devoir de vos parents est de vous guider et le vôtre de leur obéir.

Le temps de la jeunesse est celui dont il faut surtout profiter pour s'instruire.

Les enfants sont semblables à de jeunes arbrisseaux, il faut lés dresser quand ils sont jeunes.

Il vaut mieux prévenir le mal que d'avoir à le punir.

C'est à tort que nous nous plaignons des défauts d'autrui ; les nôtres doivent nous occuper bien davantage.

La prudence veut que nous ne nous confiions pas à tout le monde.

Il n'y a rien qui rafraîchisse le sang comme d'avoir su éviter une sottise.

Il est difficile que vous conciliiez vos devoirs avec le goût des plaisirs.

Les enfants comprennent mieux les exemples que les raisonnements.

Pendant tout le temps que durera la classe.

je serai attentif aux leçons ; je m'efforcerai de comprendre les explications qui nous seront faites ; j'écouterai attentivement les bons avis qu'on nous donnera ; je prendrai tous les soins possibles pour les observer exactement.

Le savoir est le fruit du travail et de l'application.

Ne crains pas de demander ce que tu ne sais pas.

Travaillons si nous voulons acquérir de l'instruction ; car le temps s'enfuit, et persuadons-nous bien qu'il ne revient plus.

On finit par surmonter toutes les difficultés contre lesquelles on lutte avec un vrai courage.

Un enfant qui aura cultivé son intelligence et sa mémoire par la réflexion et par l'étude deviendra plus instruit que celui qui reste inattentif et paresseux.

Que de jeunes gens se sont repentis de ne s'être pas appliqués dans leur jeunesse !

Accoutumez-vous lorsque vous lisez, à observer, à réfléchir, ne quittez point un passage sans l'avoir compris.

Il ne suffit pas que vous soyez instruits, il faut encore que vous soyez bien élevés.

L'éducation et l'instruction doivent être réunies et marcher ensemble en se soutenant mutuellement.

Le principe de toute éducation, comme la source de tous les progrès, est l'obéissance.

Une bonne éducation est la source de la vertu et le germe de tous les biens.

Une mauvaise éducation est la source du vice et le germe de tous les maux.

Pour qu'une leçon soit comprise et sue, il faut qu'elle soit écoutée et bien étudiée.

Si vous voulez vous rendre habiles, soyez attentifs et dociles à ce que vos maîtres vous enseignent.

Les jeunes gens que l'on a vus abuser des bontés de leur maître se sont repentis plus tard de cette conduite inconsidérée.

Nous trouverions tout facile si nous nous habituions de bonne heure à la réflexion.

Élevez bien votre fils, il consolera votre vieillesse.

**Le meilleur héritage qu'un père puisse**

laisser à ses enfants, c'est l'exemple de ses vertus et de ses belles actions.

C'est mal comprendre le bonheur de ses enfants que de céder à leurs caprices.

Personne à moins de l'avoir éprouvé ne sait ce que souffre un père dont le fils se conduit mal.

Cherchons autant que possible à contracter de bonnes habitudes; car il n'en coûte pas plus de faire le bien, quand on y est accoutumé, que de faire le mal; et entre l'un et l'autre la différence est grande.

La paresse et la débauche conduisent à la ruine et au déshonneur.

Il faut que vous vous habituiez de bonne heure à proportionner vos dépenses à vos moyens d'existence.

L'ouvrier qui manque d'économie s'en repent avant ses vieux jours.

L'honnête homme est un homme d'ordre, menant une conduite régulière, remplissant strictement ses obligations.

Le beau témoignage qu'un individu puisse donner de sa probité, c'est d'être honnête homme au préjudice de son intérêt personnel, quand la justice l'exige.

Celui qui recèle les objets volés est aussi coupable que celui qui les vole.

Attends-toi à te voir traité comme tu auras traité les autres.

Le silence est le parti le plus sûr pour celui qui se défie de soi-même.

On reçoit les hommes d'après l'habit qu'ils portent. On les reconduit selon l'esprit qu'ils ont montré.

Dans la vieillesse on recueille les fruits de ce que l'on a semé pendant les années de sa jeunesse.

## Principaux verbes irréguliers.

ACQUÉRIR. *Ind.* J'acquiers, nous acquérons, ils acquièrent. *Imparf.* J'acquérais. *P. déf.* J'acquis. *Cond.* Nous acquerrions. *Subj.* Que j'acquière, que nous acquérions. *Imparf.* Que j'acquisse. *Part.* Acquis, e.

ALLER. *Ind.* Je vais, tu vas, il va, nous allons, ils vont. *P. déf.* J'allai. *P. indéf.* Je suis allé. *Fut.* J'irai. *Impér.* Va. *Subj.* Que j'aille, que nous allions. *Part.* Allé, e.

ASSEOIR. *Ind.* J'assieds, nous asseyons, ils asseyent.

*P. déf.* J'assis. *Fut.* J'assiérai ou j'asseyerai. *Subj.* Que j'asseye, que nous asseyions. *Imparf.* Que j'assisse. *Part.* Assis, e.

COUDRE. *Ind.* Je couds, nous cousons, ils cousent. *P. déf.* Je cousis. *Cond.* Nous coudrions. *Subj.* Que je couse. *Imparf.* Que je cousisse. *Part.* Cousant, cousu, e.

COURIR. *Ind.* Je cours, nous courons. *P. déf.* Je courus. *Cond.* Nous courions. *Subj.* Que je coure. *Part.* Couru, e.

CRAINDRE. *Ind.* Je crains, nous craignons. *Imparf.* Je craignais. *P. déf.* Je craignis. *Cond.* Nous craindrions. *Subj.* Que je craigne. *Part.* Craint, e.

DIRE. *Ind.* Je dis, vous dites. *P. déf.* Je dis, nous dîmes. *Subj.* Que je dise. *Imparf.* Que je disse. *Part.* Dit, e.

ÉCRIRE. *Ind.* J'écris, nous écrivons. *P. déf.* J'écrivis, *Subj.* Que j'écrive. *Imparf.* Que j'écrivisse. *Part.* Écrit, e.

FAIRE. *Ind.* Je fais, vous faites, ils font. *P. déf.* Je fis, il fit. *Fut.* Je ferai. *Subj.* Que je fasse. *Imparf.* Que je fisse. *Part.* Fait, e.

MOUDRE. *Ind.* Je mouds, nous moulons, ils moulent. *P. déf.* Je moulus. *Fut.* Je moudrai. *Cond.* Nous moudrions. *Subj.* Que je moule. *Part.* Moulu, e.

MOURIR. *Ind.* Je meurs, nous mourons. *P. déf.* Je mourus. *P. Ind.* Je suis mort. *Cond.* Nous mourrions. *Subj.* Que je meure, que nous mourions. *Part.* Mort, e.

MOUVOIR. *Ind.* Je meus, nous mouvons, ils meuvent. *Imparf.* Je mouvais. *P. déf.* Je mus. *Cond.* Nous mouvrions. *Subj.* Que je meuve, que nous mouvions. *Imparf.* Que je musse. *Part.* Mû, e.

NAITRE. *Ind.* Je nais, il naît. *P. déf.* Je naquis, nous naquîmes. *Fut.* Je naîtrai. *Imparf.* Que je naquisse. *Part.* Né, e.

SAVOIR. *Ind.* Je sais, nous savons. *P. déf.* Je sus. *Fut.* Je saurai. *Impér.* Sache, sachons. *Subj.* Que je sache. *Imparf.* Que je susse. *Part.* Sachant, su, e.

TENIR. *Ind.* Je tiens, nous tenons, ils tiennent. *Imparf.* Je tenais. *P. déf.* Je tins, nous tînmes. *Cond.* Nous tiendrions. *Subj.* Que je tienne. *Imparf.* Que je tinsse, qu'il tînt. *Part.* Tenu, e.

VAINCRE. *Ind.* Je vaincs, il vainc, nous vainquons. *P. déf.* Je vainquis. *Cond.* Je vaincrais, nous vaincrions. *Subj.* Que je vainque. *Part.* Vaincu, e.

VIVRE. *Ind.* Je vis, nous vivons. *P. déf.* Je vécus. *Cond.* Je vivrais, nous vivrions. *Imparf.* Que je vécusse. *Part.* Vécu (invar.)

VOIR.     *Ind.* Je vois, nous voyons, ils voient. *P. déf.* Je vis. *Fut.* Je verrai. *Subj.* Que je voie, que nous voyions. *Imparf.* Que je visse, qu'il vît. *Part.* Vu, e.

VOULOIR.     *Ind.* Je veux, nous voulons, ils veulent. *P. déf.* Je voulus. *Cond.* Je voudrais, nous voudrions. *Subj.* Que je veuille, que nous voulions. *Part.* Voulu, e.

---

## Verbes remplacés par des noms.

| | |
|---|---|
| Analyser c'est décomposer. | L'analyse est la décomposition. |
| Espérer c'est jouir. | L'espérance est une jouissance. |
| Haïr est un péché. | La haine est un péché. |
| Lire et écrire sont utiles. | La lecture et l'écriture sont utiles. |
| Mentir est avilissant. | Le mensonge est avilissant. |
| Obéir est un devoir. | L'obéissance est un devoir. |
| Réfléchir est nécessaire. | La réflexion est nécessaire. |
| Travailler est nécessaire. | Le travail est nécessaire. |
| Voler est un crime. | Le vol est un crime. |
| Vouloir c'est pouvoir. | Le vouloir c'est le pouvoir. |

---

## Homonymes.

Les homonymes sont des mots qui se prononcent de même et qui s'écrivent différemment.

Une mère qui a son fils à l'*armée* est souvent *alarmée*.

Il fut condamné à une *amende* pour avoir pris une *amande*.

J'ai eu le *bonheur* d'arriver de *bonne heure*.

Il *calcule* si mal qu'on ne peut se fier à son *calcul*.

Ce mauvais sujet a tué une *cane* avec sa *canne*.

Cet ivrogne a dépensé son *capital* à la *capitale*.

Les ouvriers des *champs* s'éveillent au *chant* du coq.

Prends garde de laisser tomber de la *colle* sur mon *col* blanc.

C'est en *fabriquant* avec goût qu'on devient bon *fabricant*.

On fait *cuire* le *cuir* pour en fabriquer divers objets.

Il fait très-*chaud* près d'un four à *chaux*.

Les enfants de *chœur* doivent savoir les prières par *cœur*.

Le bavard est *content* en *contant* des histoires et l'avare en *comptant* son argent.

Il n'y a pas d'*avantage* à se tourmenter *davantage*.

Quand tu *t'ennuies* à l'école, ton *ennui* m'ennuie.

Votre paquet *excédant* le poids vous paierez l'*excédent*.

Ce boulanger *excellant* dans son art, nous fera d'*excellent* pain.

Certain travail *fatiguant* peu les bras, n'est pas le moins *fatigant*.

C'est le mitron qui *fourre* le pain dans le *four*.

En temps de *guerre* on ne respecte *guère* la propriété.

Dans une *malle propre* il ne faut rien mettre de *malpropre*.

On ne jette pas les *mûres* ni les fruits *mûrs* contre les *murs*.

Le *négligent* perd sa fortune en *négligeant* ses affaires.

Les *parents* pauvres ne doivent pas porter d'habits *apparants*.

On ne dépose pas de linge *sale* dans la *salle* à manger.

Cet homme a du bon *sens*. En perdant son *sang* il *sent* qu'il est *sans* remède.

N'attendez pas qu'on vous *salue* pour donner un *salut*.

Au village comme à la *ville*, un caractère *vil* dénote une âme *vile*.

---

**Mots semblables qui se prononcent différemment.**

Nous *affections* d'éprouver certaines *affections*.

Un *affluent* est une des rivières qui *affluent* dans un fleuve.

*Attentions*-nous à la vie d'un homme, quand nous mettions toutes nos *attentions* à le sauver.

On est *content* d'entendre les vieux soldats qui *content* leurs batailles.

Les riches *convient* leurs amis, quand cela leur *convient*.

Des poules *couvent* dans la cour du *couvent*.

Il est *excellent* de récompenser ceux qui *excellent* dans leur art.

Les télégraphes électriques *expédient* les nouvelles par un *expédient* fort ingénieux.

Il ne faut pas se *fier* à l'air *fier* de certains individus.

Si nous *intentions* un procès, nous agirions contre les *intentions* du donataire.

Les paresseux *négligent* leurs devoirs, et le *négligent* agit sans goût.

Les enfants se *parent* pour rendre visite à leur *parent*.

Nous *portions* nos *portions* de viande.

Dans le concert *précédent* nous entendîmes jouer les morceaux qui *précèdent*.

Quand un malade *pressent* sa fin, les intérêts de son âme le *pressent* plus que le reste.

Les personnes d'un caractère *violent, violent* souvent les convenances.

Je *vis* tourner la *vis* de la machine.

---

## Le calcul.

Il y a quatre opérations de calcul : l'*addition*, la *soustraction*, la *multiplication* et la *division*.

L'*addition* est une opération par laquelle on

ajoute ensemble plusieurs nombres de même espèce pour connaître le total.

Pour faire la preuve, on additionne en sens inverse et l'on doit retrouver le même total.

La *soustraction* est une opération par laquelle on ôte un nombre d'un autre de même espèce pour connaître la différence ou le reste.

Pour faire la preuve de la soustraction, on ajoute la différence au plus petit nombre et l'on doit retrouver le plus grand.

La *multiplication* est une opération par laquelle on répète un nombre appelé multiplicande autant de fois qu'il y a d'unités dans un autre appelé multiplicateur; le résultat s'appelle produit.

Pour faire la preuve de la multiplication, on change les deux nombres de place, on les multiplie l'un par l'autre, et l'on doit retrouver le même produit.

La *division* est une opération par laquelle on cherche combien de fois un nombre appelé dividende en contient un autre appelé diviseur. Le résultat s'appelle quotient.

Pour faire la preuve de la division, on multiplie le diviseur par le quotient, on ajoute le reste s'il y en a un, et l'on doit retrouver le dividende.

———

**Poids et mesures.**

Il y a six sortes de mesures :
Le *mètre*, pour les longueurs ;
Le *mètre carré* ou l'*are*, pour les surfaces ;
Le *mètre cube* ou le *stère*, pour les volumes ;
Le *litre*, pour les contenances ou capacités ;
Le *gramme*, pour les poids ;
Le *franc*, pour les monnaies.
Les multiples sont :

| | | |
|---|---|---|
| Déca | qui signifie | 10 |
| Hecto | — | 100 |
| Kilo | — | 1000 |
| Myria | — | 10000 |

Les sous-multiples sont :

| | | | |
|---|---|---|---|
| Déci | qui signifie | 0,1 | [dixième] |
| Centi | — | 0,01 | [centième] |
| Milli | — | 0,001 | [millième] |

Ainsi le *décamètre* vaut dix mètres.
L'*hectolitre* vaut cent litres.

Le *kilogramme* vaut mille grammes.

Le *myriamètre* vaut dix mille mètres.

Le *décistère* est la dixième partie du stère.

Le *centiare* est la centième partie de l'are.

Le *millimètre* est la millième partie du mètre.

---

### Rapports.

Le *mètre* est la quarante-millionième partie du tour de la terre.

Le *mètre carré* a 1 mètre de long et 1 mètre de large.

L'*are* a 10 mètres de long et 10 mètres de large ou 100 mètres carrés.

Le mètre cube a 1 mètre de long, 1 mètre de large et 1 mètre de haut.

Le stère est égal au mètre cube.

Le litre est la capacité d'un décimètre cube.

Le gramme est le poids d'un centimètre cube d'eau pure.

Le franc est une pièce d'argent qui pèse 5 grammes.

La monnaie de bronze pèse autant de grammes qu'elle vaut de centimes.

Le litre d'eau pure pèse un kilogramme.

Le mètre est la longueur d'un grand pas d'homme.

---

## Division du temps.

On divise le temps en siècles, années, mois, semaines, jours, heures, minutes, secondes.

Un siècle comprend 100 ans.

L'année se compose de 365 jours.

Le jour se divise en 24 heures.

L'heure se divise en 60 minutes.

La minute se divise en 60 secondes.

Il y a douze mois dans l'année :

Janvier, Février, Mars, Avril, Mai, Juin, Juillet, Août, Septembre, Octobre, Novembre, Décembre.

Les mois ont 30 ou 31 jours, février n'en a que 28.

---

## Semaines.

Il y a cinquante-deux semaines dans l'année.

Chaque semaine comprend sept jours.

Les sept jours de la semaine sont :

Dimanche, lundi, mardi, mercredi, jeudi, vendredi, samedi.

---

### Saisons.

Il y a quatre saisons dans l'année :

Le printemps, l'été, l'automne, l'hiver.

Le printemps est la saison des fleurs et de la verdure.

L'été est la saison de la chaleur et de la moisson.

L'automne est la saison des fruits et de la vendange.

L'hiver est la saison du froid. La végétation est arrêtée.

Le printemps commence le 21 mars.

Chaque saison dure trois mois.

---

### Géographie.

La géographie est la description de la terre.

La terre est ronde. Elle a la forme d'une boule.

Elle tourne sur elle-même en 24 heures, ce qui produit le jour et la nuit.

Elle tourne en même temps autour du soleil en 365 jours, ce qui fait l'année et les saisons.

L'eau couvre les trois quarts de la surface de la terre.

Pour indiquer la situation des différentes parties de la terre, on se sert des quatre points cardinaux, qui sont : le Levant, le Couchant, le Midi et le Nord.

Le Levant est le point où le soleil se lève.

Le Couchant est le point où le soleil se couche.

Le Midi est le point où est le soleil au milieu du jour.

Le Nord est le point opposé au Midi.

Le Levant s'appelle aussi Est ou Orient ; le Couchant, Ouest ou Occident ; le Midi, Sud ; et le Nord, Septentrion.

Sur les cartes de Géographie, le Nord est en haut, le Midi en bas, l'Est à droite, et l'Ouest à gauche.

La terre se divise en cinq parties principales :

L'Europe, l'Asie, l'Afrique, l'Amérique et l'Océanie.

L'Europe se divise en 16 contrées principales.

La France est une des plus belles contrées de l'Europe.

Elle est divisée en 89 départements.

La population de la France est de 38,067,000 habitants.

Les départements sont divisés en arrondissements, les arrondissements en cantons, et les cantons en communes.

La France est gouvernée par l'Empereur Napoléon III.

Les principaux fleuves de la France sont :

La Seine, la Loire, la Gironde, le Rhône et le Rhin.

Les villes principales de la France, sont :

Paris, capitale, sur la Seine, 1,825,000 habitants.

Lyon, vers le sud, sur le Rhône, 324,000 habitants.

Marseille, au sud, sur la mer Méditerranée, 300,000 habitants.

Bordeaux, au sud, sur la Garonne, 194,000 habitants.

Lille, au nord, près de la frontière, 155,000 habitants.

Toulouse, au sud, sur la Garonne, 127,000 habitants.

Nantes, à l'ouest, sur la Loire, 112,000 habitants.

Rouen, vers le nord, sur la Seine, 100,000 habitants.

Strasbourg, à l'est, près de la limite, 84,000 habitants.

Toulon, port de mer, au sud, 77,000 habitants.

| Table d'Addition | | | | | Table de Soustraction | | | | |
|---|---|---|---|---|---|---|---|---|---|
| 4 | et | 6 | font | 10 | 6 | de | 10 | reste | 4 |
| 6 | | 6 | | 12 | 6 | | 12 | | 6 |
| 8 | | 6 | | 14 | 6 | | 14 | | 8 |
| 5 | | 6 | | 11 | 6 | | 11 | | 5 |
| 7 | | 6 | | 13 | 6 | | 13 | | 7 |
| 9 | | 6 | | 15 | 6 | | 15 | | 9 |
| 4 | | 7 | | 11 | 7 | | 11 | | 4 |
| 6 | | 7 | | 13 | 7 | | 13 | | 6 |
| 8 | | 7 | | 15 | 7 | | 15 | | 8 |
| 5 | | 7 | | 12 | 7 | | 12 | | 5 |
| 7 | | 7 | | 14 | 7 | | 14 | | 7 |
| 9 | | 7 | | 16 | 7 | | 16 | | 9 |
| 4 | | 8 | | 12 | 8 | | 12 | | 4 |
| 6 | | 8 | | 14 | 8 | | 14 | | 6 |
| 8 | | 8 | | 16 | 8 | | 16 | | 8 |
| 5 | | 8 | | 13 | 8 | | 13 | | 5 |
| 7 | | 8 | | 15 | 8 | | 15 | | 7 |
| 9 | | 8 | | 17 | 8 | | 17 | | 9 |
| 4 | | 9 | | 13 | 9 | | 13 | | 4 |
| 6 | | 9 | | 15 | 9 | | 15 | | 6 |
| 8 | | 9 | | 17 | 9 | | 17 | | 8 |
| 5 | | 9 | | 14 | 9 | | 14 | | 5 |
| 7 | | 9 | | 16 | 9 | | 16 | | 7 |
| 9 | | 9 | | 18 | 9 | | 18 | | 9 |

| Table de Multiplication | | | | | Table de Division | | | |
|---|---|---|---|---|---|---|---|---|
| 3 | fois | 3 | font | 9 | En 9 combien de fois 3 | | 3 fois | |
| 3 | | 5 | | 15 | 15 | | 3 | 5 |
| 3 | | 7 | | 21 | 21 | | 3 | 7 |
| 3 | | 9 | | 27 | 27 | | 3 | 9 |
| 3 | | 11 | | 33 | 33 | | 3 | 11 |
| 3 | | 4 | | 12 | 12 | | 3 | 4 |
| 3 | | 6 | | 18 | 18 | | 3 | 6 |
| 3 | | 8 | | 24 | 24 | | 3 | 8 |
| 3 | | 10 | | 30 | 30 | | 3 | 10 |
| 3 | | 12 | | 36 | 36 | | 3 | 12 |
| 4 | | 3 | | 12 | 12 | | 4 | 3 |
| 4 | | 5 | | 20 | 20 | | 4 | 5 |
| 4 | | 7 | | 28 | 28 | | 4 | 7 |
| 4 | | 9 | | 36 | 36 | | 4 | 9 |
| 4 | | 11 | | 44 | 44 | | 4 | 11 |
| 4 | | 4 | | 16 | 16 | | 4 | 4 |
| 4 | | 6 | | 24 | 24 | | 4 | 6 |
| 4 | | 8 | | 32 | 32 | | 4 | 8 |
| 4 | | 10 | | 40 | 40 | | 4 | 10 |
| 4 | | 12 | | 48 | 48 | | 4 | 12 |
| 5 | | 3 | | 15 | 15 | | 5 | 3 |
| 5 | | 5 | | 25 | 25 | | 5 | 5 |
| 5 | | 7 | | 35 | 35 | | 5 | 7 |
| 5 | | 9 | | 45 | 45 | | 5 | 9 |

| 5 | fois | 11 | font | 55 | en 55 combien de fois 5 | 11 fois |
|---|------|----|------|----|-------------------------|---------|
| 5 |  | 4  |  | 20 | 20 | 5 | 4 |
| 5 |  | 6  |  | 30 | 30 | 5 | 6 |
| 5 |  | 8  |  | 40 | 40 | 5 | 8 |
| 5 |  | 10 |  | 50 | 50 | 5 | 10 |
| 5 |  | 12 |  | 60 | 60 | 5 | 12 |
| 6 |  | 3  |  | 18 | 18 | 6 | 3 |
| 6 |  | 5  |  | 30 | 30 | 6 | 5 |
| 6 |  | 7  |  | 42 | 42 | 6 | 7 |
| 6 |  | 9  |  | 54 | 54 | 6 | 9 |
| 6 |  | 11 |  | 66 | 66 | 6 | 11 |
| 6 |  | 4  |  | 24 | 24 | 6 | 4 |
| 6 |  | 6  |  | 36 | 36 | 6 | 6 |
| 6 |  | 8  |  | 48 | 48 | 6 | 8 |
| 6 |  | 10 |  | 60 | 60 | 6 | 10 |
| 6 |  | 12 |  | 72 | 72 | 6 | 12 |
| 7 |  | 3  |  | 21 | 21 | 7 | 3 |
| 7 |  | 5  |  | 35 | 35 | 7 | 5 |
| 7 |  | 7  |  | 49 | 49 | 7 | 7 |
| 7 |  | 9  |  | 63 | 63 | 7 | 9 |
| 7 |  | 11 |  | 77 | 77 | 7 | 11 |
| 7 |  | 4  |  | 28 | 28 | 7 | 4 |
| 7 |  | 6  |  | 42 | 42 | 7 | 6 |
| 7 |  | 8  |  | 56 | 56 | 7 | 8 |
| 7 |  | 10 |  | 70 | 70 | 7 | 10 |
| 7 |  | 12 |  | 84 | 84 | 7 | 12 |

| 8 | fois | 3 | font | 24 | en 24 combien de fois 8 | | 3 fois |
|---|---|---|---|---|---|---|---|
| 8 | | 5 | | 40 | 40 | 8 | 5 |
| 8 | | 7 | | 56 | 56 | 8 | 7 |
| 8 | | 9 | | 72 | 72 | 8 | 9 |
| 8 | | 11 | | 88 | 88 | 8 | 11 |
| 8 | | 4 | | 32 | 32 | 8 | 4 |
| 8 | | 6 | | 48 | 48 | 8 | 6 |
| 8 | | 8 | | 64 | 64 | 8 | 8 |
| 8 | | 10 | | 80 | 80 | 8 | 10 |
| 8 | | 12 | | 96 | 96 | 8 | 12 |
| 9 | | 3 | | 27 | 27 | 9 | 3 |
| 9 | | 5 | | 45 | 45 | 9 | 5 |
| 9 | | 7 | | 63 | 63 | 9 | 7 |
| 9 | | 9 | | 81 | 81 | 9 | 9 |
| 9 | | 11 | | 99 | 99 | 9 | 11 |
| 9 | | 4 | | 36 | 36 | 9 | 4 |
| 9 | | 6 | | 54 | 54 | 9 | 6 |
| 9 | | 8 | | 72 | 72 | 9 | 8 |
| 9 | | 10 | | 90 | 90 | 9 | 10 |
| 9 | | 12 | | 108 | 108 | 9 | 12 |
| 10 | | 12 | | 120 | 120 | | 10 |
| 11 | | 12 | | 132 | 132 | | 11 |
| 12 | | 12 | | 144 | 144 | | 12 |

FIN.